RITUAL OF BURNING FLESH

RITUAL DE LA CARNE EN LLAMAS

RITUAL OF BURNING FLESH

RITUAL DE LA CARNE EN LLAMAS

by

Maribel Arreola Rivas

Bilingual edition

Translated from Spanish and edited

by

Arthur Gatti
and
Roberto Mendoza Ayala

Prologue by Ernesto Hernández Doblas

Illustrated by Laila Pita (†), Alicia Sánchez and Miguel Zamora Ángeles "Mizangelo"

Cover design by Alonso Venegas Gómez

DARK LIGHT PUBLISHING
NEW YORK • MÉXICO

2018

Copyright © 2018 by Maribel Arreola Rivas

All rights reserved. This book or any portion thereof may not be reproduced or used in any manner whatsoever without the express written permission of the publisher except for the use of brief quotations in a book review or scholarly journal.

First printing: November 2018

ISBN: 978-0-9982355-8-5

Designed and typeset in New York City by:

Darklight Publishing LLC
8 The Green Suite 5280
Dover, DE 19901

Illustrations:

Cover art: Laila Pita (†)
Pages 23, 71 and 117: Alicia Sánchez
Pages 47, 95 and 139: Miguel Zamora Ángeles "Mizangelo"

Contents

Prologue 13

Burning flesh 24
Love to live 26
My lover 28
Consolation 32
Sanctification 34
Moonshine 36
Gate to heaven 38
No rush 40
Let me speak to you of love 42
Warm sheet 44
Purifying hell 48
Sighs fluttering 50
The list 52
Promise 54
Wild rhythms 56
The devil enters my room 58
Revenge 60
Rapturous angel 62
Adventurers 64
Missal of the flesh 66
No farewell 68
Sun tongues 72
Captive 74
Between my navel and your hip 76
Obsessive boldness 78

Columns of fire	80
Divine prodigy	82
Temptation	84
Incantation	86
Resurrection	88
Revealing flame	90
Foolish willingness	92
Provocation	96
Dawn	98
Blessing	100
Casual touch	102
On terra firma	104
Intimate words	106
Freedom's Eve	108
Close to you	110
Under the sea	112
Scars	114
The return	118
Chamomile and plums	120
No history	122
Unannounced	124
The forbidden words	126
Forbidden	128
To the wind	130
Loneliness	132
Penance	134
No memories	136
Nocturnal	140

Greed 142

Silent...144

Roses of oblivion..146

The unreal..148

Blinking..150

Dead time 152

Blind...154

Butterflies at dawn...156

Surf...160

Maribel Arreola Rivas..163

Índice

Prólogo 17

Carne en llamas 25
Amar para vivir 27
Amante mío 29
Consolación 33
Santificación 35
Brillo lunar 37
Puerta al paraíso 39
Sin prisa 41
Déjame hablarte de amor 43
Tibia sábana 45
Infierno purificador 49
Vuelo de suspiros 51
La minuta 53
Promesa 55
Ritmos salvajes 57
El diablo entra a mi habitación 59
Venganza 61
Ángel delirante 63
Aventureros 65
Misal de la carne 67
Sin adiós 69
Lenguas de sol 73
Cautiva 75
Entre mi ombligo y tu cadera 77
Obsesivo arrojo 79

Columnas de fuego	81
Prodigio divino	83
Tentación	85
Conjuro	87
Resurrección	89
Llama reveladora	91
Necia complacencia	93
Provocación	97
Amanece	99
Bendición	101
Roce casual	103
En tierra firme	105
Palabras íntimas	107
Eva libertad	109
Cerca de ti	111
Bajo el mar	113
Cicatrices	115
De vuelta	119
Manzanilla y ciruelas	121
Sin historia	123
Imprevisto	125
Lo innombrable	127
Prohibido	129
Al viento	131
Soledad	133
Penitencia	135
Sin recuerdos	137
Nocturnal	141

Codicia	143
En silencio	145
Rosas de olvido	147
Lo irreal	149
Parpadeo	151
Tiempo muerto	153
Ciegos	155
Mariposas en la aurora	157
Oleaje	161
Maribel Arreola Rivas	165

Prologue

Deep sea poetry

THIS BOOK HAS FIRE SPREAD ACROSS ITS WORDS, the fire of love distributed in verses, a woman-volcano transmuted into music in the reader's ear. This book is leaf litter of poems with an aroma of nostalgia. The poet, who strips naked here, does this to share herself, to give herself up to games where the imagination is dreamlike humidity.

But in addition, it is a testimony of a loving woman, of a woman poet who has decided to practice the oldest trade in the world: love and its songs. The word of a woman who has decided to exercise her right to verse, to the kiss of the Muses, to the alchemical art of loving.

In the journey of these pages, life enjoys itself and is described under the different ways in which it dances through the bodies of desire. Gods and goddesses are not content with just being, they need to be named, so poetry is the vehicle of the mirrors that sing.

Poetry is one of the best forms of celebration and ritual, of harmony with what exists and dialogue with what is; all the more so when it has Eros and Aphrodite as its subjects. Maribel (sea of skin) invites us through these leaves of her erotic tree to her intimate coven where she invokes pagan forces that we all know at least once in a while.

Her pulse does not tremble when she names the furies, the roses cut from the love garden at the place of the beds from where milk and honey flow, the nouns for the humidity that she shares, as one who shares the bread of her body and the salt of her frenzied sweat.

She likes to use analogies and metaphors and the different expressive resources that are usual to the poetic task; however, she also makes use of unfettered expression, being not afraid of the integral and exposed nudity of heart and body.

We know that women in general were for a long time relegated to domestic spaces, condemned to silence, to passive and unexpressed attitudes, expected of them as a sign of virtue, much more so if it was about issues related to the flesh and its demons.

Although it might seem that the current times go in another direction and that the clock hands mark the hour of freedom expression and joy, this circumstance has not managed to permeate in most of our societies, which still haul prejudices, repressions and condemnations into broad daylight or from the darkness of intimacy.

The poetry of Maribel Arreola helps to keep opening the many paths that are necessary for the full rights of women to that which should never have been taken from them: pleasure and speech, the pleasure of speech, the speech of pleasure.

Thus, the verses of this passionate book are also a form of resistance, a banner of open wings, a sunny dawn in the city of love. This poet comes to terms with her biography and shares with us her landscapes, the memories of a woman who knows the art of the living tongues.

One of her stanzas could very well be the final point to this prologue that I had the fortune to write to thank the poet from Michoacán for her liberating creativity. At the middle of her book, Maribel Arreola gives us an accurate statement about the attribute that guides her work as a human being and as an artist: "It is true that I do not seek to be fragile / before the deep sea / where the reflection / of my fire sinks".

ERNESTO HERNÁNDEZ DOBLAS
Morelia, Michoacán, México 2018

Prólogo

Poesía de mar profundo

ESTE LIBRO ES FUEGO EXTENDIDO EN LAS PALABRAS, incendio de amor repartido en versos, volcán de mujer que se hace música en el oído del lector y la lectora. Este libro es hojarasca de poemas con aroma de nostalgia. Quien aquí se desnuda lo hace para compartirse, para darse en adopción a los juegos en donde la imaginación es humedad onírica.

Es además, testimonio de mujer amante, de mujer poeta que ha decidido ejercer el oficio más antiguo del mundo: el amor y sus canciones. Palabra de mujer que ha decidido ejercer su derecho al verso, al beso de las Musas, al arte alquímico del amar.

En el recorrido de estas páginas la vida se goza a sí misma y se describe bajo las diferentes formas en que danza con la intermediación de los cuerpos del deseo. Dioses y diosas no tienen suficiente con existir, necesitan ser nombrados, por lo que la poesía es el vehículo de los espejos que cantan.

La poesía es una de las formas mejores de celebración y rito, de armonía con lo que existe y diálogo con lo que es; con mayor razón cuando tiene como tema a Eros y Afrodita. Maribel (mar de piel) nos invita en estas hojas de su árbol erótico a su aquelarre íntimo en donde invoca fuerzas paganas que todos conocemos por lo menos una vez cada tanto.

No le tiembla el pulso a esta poeta cuando nombra los furores, las rosas cortadas del jardín amatorio del lugar de los lechos desde donde mana leche y miel, los sustantivos de las humedades que comparte, como quien comparte el pan de su cuerpo y la sal de su excitado sudor.

Gusta de analogías y metáforas y de los distintos recursos expresivos que son propios del quehacer poético; sin embargo, también hace uso de lo directo, de un decir que no tiene miedo al desnudo integral y expuesto del corazón y el cuerpo.

Sabemos que las mujeres en general durante mucho tiempo estuvieron relegadas a los espacios de lo doméstico, recibiendo además la condena al silencio, a una actitud pasiva y callada, que se esperaba de ellas como muestra de su virtud, mucho más si se trataba de asuntos de la carne y sus demonios.

Aunque podría parecer que los tiempos actuales van en otro sentido y que las manecillas del reloj marcan la hora de la libertad en el decir y en el gozo, dicha circunstancia no ha logrado permear en la mayor parte de las sociedades, que aun arrastran prejuicios, represiones y condenas a la luz del día o desde la oscuridad de las intimidades.

La poesía de Maribel Arreola contribuye así a seguir abriendo los muchos caminos que hacen falta para el derecho pleno a las mujeres a eso que jamás debió serles arrebatado: el placer y el habla, el placer del habla, el habla del placer.

Así entonces, los versos de este libro apasionado son también una forma de resistencia, una bandera de alas abiertas, un amanecer soleado en la ciudad del amor. Esta poeta hace ajuste de cuentas con su biografía y nos comparte sus paisajes, sus memorias de mujer que sabe el arte de las lenguas vivas.

Una de sus estrofas podría muy bien ser punto final para este prólogo que tuve la fortuna de labrar para agradecer a la poeta michoacana por su creatividad liberadora. Hacia la mitad de su libro, Maribel Arreola nos regala un certero decir sobre la cualidad que guía su quehacer humano y de artista: "Es verdad que no busco ser frágil / ante el mar profundo / donde se hunde / el reflejo de mi fuego".

ERNESTO HERNÁNDEZ DOBLAS
Morelia, Michoacán, México 2018

RITUAL OF BURNING FLESH

RITUAL DE LA CARNE EN LLAMAS

*To You, imaginary knight,
light and sigh on the sacramental verses
of this ritual of burning flesh
waiting for our diachronic lunar cycle.*

*A Usted, imaginario caballero,
luz y suspiro de los sacramentales versos
de este ritual de la carne en llamas
en la espera de nuestro diacrónico ciclo lunar.*

*My everlasting gratitude
to the poet María Ángeles Juárez Téllez
for her warm companionship on the golden flight
through the winds of these pages.*

*Mi sempiterna gratitud
a la poeta María Ángeles Juárez Téllez
por su cálido acompañamiento en el vuelo dorado
a través de los vientos de estas páginas.*

Ritual of Burning Flesh / *Ritual de la carne en llamas*

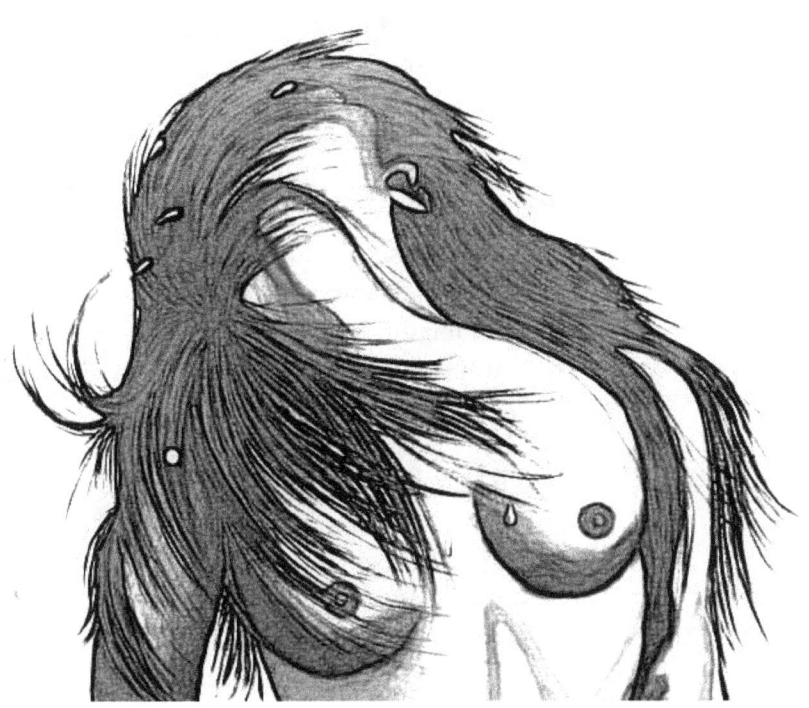

BURNING FLESH

With the ritual of lovers
sink your roots in me today
and let's be gods' inception,
sanctified nourishment for the bellies,
thread of mystery, tissue of wonder,
an open door
to the burning flesh.

Come with the boldness
of the damned
and be the throbbing blood
trapped in my lips.

Let's go without fear
in search of the voice
of our skin
to be a poem,
and clandestinely,
lovers without a name.

Come and embrace my desire
and without clenching your fingers
leave it when satisfied
you leave away in gusts of wind
to follow your rapturous dreams.

CARNE EN LLAMAS

Con el ritual de los amorosos
clava hoy tus raíces en mí
y seamos principio de dioses,
alimento santificado para los vientres,
hilo de misterio, tejido de asombro,
puerta abierta
a la carne en llamas.

Acércate con la osadía
de los condenados
y sé la palpitante ruta de la sangre
atrapada en mis labios.

Vayamos sin temor
en busca de la voz
de nuestra piel
hasta ser poema,
y en lo clandestino
amantes sin nombre.

Ven, abraza mi deseo
y sin oprimir los dedos
déjalo cuando satisfecho
te marches en ráfagas de viento
a seguir tus sueños delirantes.

Maribel Arreola Rivas

LOVE TO LIVE

The lovers look for each other,
look at each other, smell each other,
they smell of salt, grass
and fertile soil.

In their solitude they meet
and with the sweat of their bodies
fertilize the night
to continue life.

Then
they take off and fly away
until they lose themselves
in the blue red of memories.

Ritual of Burning Flesh / Ritual de la carne en llamas

AMAR PARA VIVIR

Los amantes se buscan,
se miran, se olfatean,
huelen a sal, a hierba
y a tierra fértil.

En su soledad se encuentran
y con el sudor de sus cuerpos
fecundan la noche
para seguir la vida.

Luego
levantan el vuelo y se alejan
hasta perderse
en el rojo azul de los recuerdos.

MY LOVER

You, my lover
you taste like musk and red wine,
you're a relaxing respite
to the fragrant secret of desire.

You satiate my weariness
with the sweet taste of secrecy
under your silky feet
I put my wit
in total surrender
of my senses.

You enchant me like the afternoon,
with those eyes of moon in love
and your claws of gluttony
biting my breasts,
Saturday moisture that revives
the insatiable devotion to love you.

I seek in the sky
the announcement of your arrival,
I wait for you dressed in red feathers
hoping to provoke
the amorphous moan
of your body.

I'm hungry for you,
of waking up at your side
with my trembling belly
and my crease claiming
the soaked touch of your navel.

AMANTE MÍO

Usted, amante mío
sabe a almizcle y vino tinto,
tregua relajante
al fragante secreto del deseo.

Usted sacia mis hastíos
con el dulce sabor de lo secreto
bajo sus pies de seda
pongo mi ingenio
en la rendición total
de mis sentidos.

Me encanta como la tarde,
con esos ojos de luna enamorada
y sus tenazas de gula
mordiéndome los senos,
humedad sabatina que revive
la insaciable devoción por amarlo.

Busco en el cielo
la anunciación de su llegada,
lo espero vestida de plumas rojas
con la esperanza de provocar
el gemido amorfo
de su cuerpo.

Tengo hambre de Usted,
de despertar a su lado
con mi vientre tembloroso
y mi abertura demandando
el mojado roce de su ombligo.

You are the urgency,
a deep amatory dream
in the astral concupiscence
of the tired bed sheets
that wait
for your passionate surrender.

Ritual of Burning Flesh / *Ritual de la carne en llamas*

Usted es la urgencia,
profundo sueño amante
en la concupiscencia astral
de las fatigadas sábanas
que esperan
su pasional entrega.

CONSOLATION

Fill me with your seed
I beg you, love.

Open my flesh
and give me the wise fruit
of your body.

Be the saddle of my groin,
light awaiting the burning night,
the natural consolation
of my delusions.

Destiny in the oracle,
prophecy, mystery,
desecrated chastity
in the labyrinth
of this voyage without return.

CONSOLACIÓN

Cúbreme de tu simiente
te lo suplico, amor.

Ábreme la carne
y dame la sabia fruta
de tu cuerpo.

Sé montura de mi entrepierna,
luz en la espera de la noche ardiente,
natural consolación
de mis delirios.

Destino en el oráculo,
profecía, misterio,
profanada castidad
en el laberinto
de este viaje sin retorno.

SANCTIFICATION

I like you so much, as I like
to sin in thought
imagining your nakedness under my sheets,
in the sanctification of my groin
with the holy water of your semen.

Flesh, nails, lips, skin
free of all evil
without fear or prejudice.

I prefer to sin
just imagining our bodies
moaning, screaming, sighing
without perpetuating the voice of our fantasies
in the humidity where the silence
goes mad.

Feelings always alive
that keep us from dying
in the suffocating sanctity
of sin.

I like you so much, how I like to sin
"of thought, word, deed and omission"
without caring about burning in hell
for eternity.

SANTIFICACIÓN

Me gustas tanto, cómo me gusta
pecar en pensamiento
imaginando tu desnudez bajo mis sábanas,
en la santificación de mi entrepierna
con el agua bendita de tu semen.

Carne, uñas, labios, piel
libres de todo mal
sin temores ni prejuicios.

Prefiero pecar
a solo imaginar a nuestros cuerpos
gimiendo, gritando, suspirando
sin perpetuar la voz de nuestras fantasías
en la humedad donde enloquece
el silencio.

Sentimientos siempre vivos
que nos libran de morir
en la asfixiante santidad
del pecado.

Me gustas tanto, cómo me gusta pecar
"de pensamiento, palabra, obra y omisión"
sin importar arder en los infiernos
por la eternidad

MOONSHINE

With the steam of your body
and without touching you,
I cloak my nudity.

I coo myself in it,
I get lost and forget
the tragedies of love,
and a silence
paced with moonshine
leaves me without minutes
to touch the wounded verses
of the heart pierced
by abandonment.

BRILLO LUNAR

Con el hervor de tu cuerpo
y casi sin tocarte
cubro mi desnudez.

En él me arrullo,
me pierdo y olvido
las tragedias del amor
y un silencio
acompasado de brillo lunar
me deja sin minutos
para tocar los versos heridos
del corazón traspasado
por el abandono.

GATE TO HEAVEN

I'm called by the will
to touch with my hands
the hair on your body
under the light of the Moon.

To ruffle your hair
with my navel,
to be threads in the seams
of your pants.

To cross the door of paradise,
to steal the forbidden apple
and eat it with you in the morning,
in the afternoon
and in the night
until we suck out each other's cravings.

Ritual of Burning Flesh / Ritual de la carne en llamas

PUERTA AL PARAÍSO

Me llama el deseo
de rozar con mis manos
el vello de tu cuerpo
bajo la luz de la luna.

Alborotarte el pelo
con mi ombligo,
ser hilo en la costura
de tu pantalón.

Cruzar la puerta del paraíso,
robar la manzana prohibida
y contigo, comerla en la mañana,
por la tarde
y en la noche
hasta chuparnos las ganas.

NO RUSH

Tomorrow when you arrive, my love,
please leave the missed
words in your suitcase
and, without any hurry, make love to me.

Transgress my modesty with your mouth
and take it slowly
to the anchorage of my body.

Print in the memory
of your fingers
the wet myrrh of my desires
and with your tongue, steal the taste
of the salts of my pores.

Soak yourself with me
and without outbursts
take me, until you are a
unique part of my story.

Tomorrow when you arrive
keep the words in your suitcase,
and silently, take me to search out
your loving heart's
unknown paradise.

SIN PRISA

Mañana cuando llegues, mi amor,
deja las palabras
omisas en tu maleta
y sin prisa, tómame.

Con tu boca traspasa mi pudor
y lentamente llévala
al ancladero de mi cuerpo.

Imprime en la memoria
de tus dedos
la mirra húmeda de mis deseos
y con tu lengua, roba el sabor
de las sales de mis poros.

Imprégnate de mí
y sin arrebatos
tómame, hasta ser
parte única de mi historia.

Mañana cuando llegues
guarda las palabras en tu maleta,
y en silencio, llévame a descubrir
el paraíso desconocido
de tu amante corazón.

LET ME SPEAK TO YOU OF LOVE

While we get wet
in our own liquids
and we feel the quiver of the skin,
let me speak to you of love,
very low, with the sayings of the mute
in the deep sigh of orgasm.

To speak to you of love
while you leave me sweet marks
and my mouth enjoys
the flavor of your membrane
until we become, in the madness of surrender,
arsonists with no borders,
blind silhouettes fading
to the red magnetism of the flesh.

DÉJAME HABLARTE DE AMOR

Mientras nos mojamos
en nuestra propia agua
y sentimos el estremecer de la piel,
déjame hablarte de amor,
quedito, con el decir de los mudos
en el profundo suspiro del orgasmo.

Hablarte de amor
mientras me dejas dulces marcas
y mi boca se goza
del sabor de tu membrana
hasta ser, en la locura de la entrega,
incendiarios sin fronteras,
ciegas siluetas desvanecidas
al magnetismo rojo de la carne.

WARM SHEET

My shadow dances,
laughs and trembles
when in the surprises
of my dreams, you arrive
at dawn to occupy
the empty side of my bed.

Seductive invitation
to search within me
the evocation of your flavor,
its exact, perfect and ceremonial
progeny, in the memory
of the happy daydream of having you.

Agitated provocation
to be a warm sheet
in the amazing awakening
of your fantasies.

TIBIA SÁBANA

Mi sombra baila,
ríe y tiembla
cuando en el sobresalto
de mis sueños, de madrugada
entras a ocupar
el lado vacío de mi cama.

Seductora invitación
a buscar en mí
la evocación de tu sabor,
copia exacta, perfecta
y ceremonial, en el registro
de la feliz ensoñación de tenerte.

Agitada provocación
a ser tibia sábana
en el alucinante despertar
de tus fantasías.

Ritual of Burning Flesh / *Ritual de la carne en llamas*

PURIFYING HELL

I trace hidden dialogues
in the clandestine caresses
that give life
to our breathing.

Dreams of lost chastity
in the enamored bodies,
which by being absent
do not put out the fire
nor close the doors of paradise.

Invocation to the will
to be more than fumes
in the purifying hell
of verses written
on the blazing parchment
of your name.

INFIERNO PURIFICADOR

Trazo diálogos ocultos
en las clandestinas caricias
que dan vida
a nuestro respirar.

Ensueños de la castidad perdida
en los enamorados cuerpos,
que por estar ausentes
no apagan el fuego
ni cierran las puertas del paraíso.

Invocación al deseo
de ser más que humo
en el infierno purificador
de versos escritos
sobre el pergamino encendido
de tu nombre.

SIGHS FLUTTERING

My beloved, today I look at you
in the virile vanity
of your body.

You touch between my legs
and close the port of freedom
to comfort my cravings
of a nocturnal butterfly
with your lantern light.

A provocation to immortalize
the purple fluttering of sighs,
while outside, the sky
falls apart.

VUELO DE SUSPIROS

Amado mío, hoy te miro
en la vanidad viril
de tu cuerpo.

Tocas mi entrepierna
y cierras el puerto de la libertad
para consolar mis ansias
de mariposa nocturna
con tu luz de farol.

Provocación a inmortalizar
el revoloteo púrpura de los suspiros,
mientras afuera, a pedazos
se derrumba el cielo.

Maribel Arreola Rivas

THE LIST

With the alphabet list
in my lips
I awake in the length
of your morning,
hugs, kisses and caresses
spilled on the glory
of our tryst.

I evaporate the dream and slip my hand
a fourth below your navel
where it is poured
the balsamic mystery
of the Sacred Scriptures of love.

A pretext to leave
the other side of the bed
and nest myself in you.

LA MINUTA

Con la minuta del abecedario
en mis labios
despierto en la extensión
de tu mañana,
abrazos, besos y caricias
derramadas sobre la gloria
de nuestro encuentro.

Evaporo el sueño y deslizo mi mano
una cuarta abajo de tu ombligo,
donde se vierte
el balsámico misterio
de las Sagradas Escrituras del amor.

Pretexto para abandonar
la otra orilla de la cama
y anidarme en ti.

PROMISE

The love is of insolent rebels
searching behind doors
a salvation to their loneliness.

Fragments of happiness
at the ultimatum of the excuses
to transform pain into joy.

Glorious moments
for the serenity of the bellies
in the theft of timeshares.

Flashing escapes illuminated
by the emancipated shouts
where lovers give everything
until they get thirsty again,
and then, behind some other door,
they return to satisfy their desire.

PROMESA

El amor es de rebeldes insolentes
que buscan a tras puerta
la salvación a su soledad.

Fragmentos de felicidad
en el ultimátum de las excusas
para trasformar el dolor en dicha.

Gloriosos momentos
para la serenidad de los vientres
en el robo de los tiempos compartidos.

Relampagueantes fugas iluminadas
por los gritos emancipados
donde los amantes se dan todo
hasta quedar de nuevo sedientos
y tras alguna otra puerta
vuelven a saciar su deseo.

WILD RHYTHMS

At the least provocation
I take off my clothes, to get pregnant
of the wild rhythms of the flesh.

A vibrating howl unfolded
before the onslaught of boredom
that makes of dawn
the promise in the future
of the hours.

Unknown throbbing
of the invisible shadows,
where your moon plays
with the surge of my thighs
and the soul boils and hunts aromas
that flee and fill a firmament
not yet discovered
by your tongue.

Versed wakefulness
in a hymn of love
that revives the withered heart.

RITMOS SALVAJES

A la menor provocación
me quito la ropa, para preñarme
con los ritmos salvajes de la carne.

Grito vibrante desdoblado
ante la embestida del hastío
que hace del alba
la promesa en el devenir
de las horas.

Incógnito latir
de las sombras invisibles,
donde tu luna juega
con el oleaje de mis muslos
y el alma hierve cazando aromas
que se escapan y llenan un firmamento
aún no descubierto
por tu lengua.

Desvelo versificado
en un himno de amor
que revive al corazón marchito.

THE DEVIL ENTERS MY ROOM

Stealthily, like a satyr on Olympus,
the devil enters my room.

With fire in the eyes he looks at me,
he smiles and seduces me.

Under whips of clouds
he drags me as though I were a fallen angel
when submissive he perches at my feet
and offers me carnal enjoyment.

Without hurry, he enters
and my body trembles in his hands
while my voice is wrecked
in syncopated moans.

We become devouring teeth,
hungry mouths that suck the skin,
lick the pores and tear the flesh,
between fiery vapors of the underworld
I follow the rhythm of my faltering breath.

The lustful invocation to the flagrant delight,
to the stormy martyrdom,
brings me to leave my desire
at the mercy of his love.

EL DIABLO ENTRA A MI HABITACIÓN

Sigilosamente, como un sátiro en el Olimpo,
el diablo entra a mi habitación.

Con fuego en los ojos me mira,
me sonríe y me seduce.

Bajo azotes de nubes
me arrastra a ser exiliado ángel
cuando sumiso se posa a mis pies
y me ofrece el goce carnal.

Sin prisa entra,
mi cuerpo tiembla en sus manos
mientras mi voz naufraga
en quejidos a contratiempo.

Somos dientes devorantes,
hambrientas bocas que succionan la piel,
lamen los poros y comen la carne,
entre ardientes vapores de inframundo
acompaso mi respiración entrecortada.

La invocación lujuriosa al desgajado deleite,
al tormentoso martirio,
me lleva a poner mi deseo
a merced de su amor.

REVENGE

Hold me tight
against your bare chest,
kiss my neck, awaken my desire
and make me yours.

Be honey for my wounds,
fresh breath
in the drunk night.

A murmur of a craving,
flood in my belly,
sanctified creation
and in the carnal union
loving revenge against death.

VENGANZA

Estréchame
contra tu pecho desnudo,
bésame el cuello, despierta mi deseo
y hazme tuya.

Sé miel para mis heridas,
fresco aliento
en la ebria noche.

Murmullo de anhelo,
inundación en mi vientre,
santificada creación
y en la unión carnal
amorosa venganza a la muerte.

Maribel Arreola Rivas

RAPTUROUS ANGEL

Naked
I seek rest for my belly
in the wooded countryside
of a darkened skin.

Of kisses and sighs I dress
to surrender to the first bidder:
I'm willing
to squander everything
on a single moment of life.

I tie up my ships
at each new port
in order to feed me
from the heart that loves me
and with the taste of its nectar
be a blazing angel
of desire.

ÁNGEL DELIRANTE

Desnuda
busco el descanso de mi vientre
en el arbolado campo
de una obscurecida piel.

De besos y suspiros me visto
para entregarme al primer postor:
estoy dispuesta
a despilfarrarlo todo
en un solo instante de vida.

Ato mis navíos
en cada puerto nuevo
para alimentarme
del corazón que me ama
y con el sabor de su néctar
ser ardiente ángel
para el deseo.

ADVENTURERS

I propose: let's be adventurers
and without fear
let's throw ourselves off the cliff
of love.

Free seagulls
drawn by the throb
of the hungry bodies
seduced by the bristly
sighs of the skin.

Be my sea the shelter of your lighthouse,
and your virility
the reef of my passion.

Turmoil of the sundown,
salt and sweat on the beach,
wind and tide wandering
incarnated
into one heart.

AVENTUREROS

Te propongo: seamos aventureros
y sin miedo
lancémonos al precipicio
del amor.

Libres gaviotas
atraídas por el latir
de los hambrientos cuerpos
seducidos por los erizados
suspiros de la piel.

Sea mi mar refugio de tu faro,
y tu virilidad
el arrecife de mi pasión.

Confusión del ocaso,
sal y sudor sobre la playa,
viento y marea peregrinos
encarnados
en un solo corazón.

MISSAL OF THE FLESH

With the rosary in hand
and the scapular on my chest
I pray my *sinful self*
at the confessional of your body.

Ritual that calls me
with the ringing of the bells
to be priestess of the missal
of the flesh.

Ode to the glorification of fire
in the sacrilegious walk
through the paths of Dante.

Holy Eucharist
of your saliva
in the wafers of my nipples
when crucified you enjoy the pleasure
of possessing me.

MISAL DE LA CARNE

Con el rosario en la mano
y el escapulario en mi pecho
rezo mi *yo pecador*
en el confesionario de tu cuerpo.

Ritual que me llama
con el tañer de campanas
a ser sacerdotisa del misal
de la carne.

Oda a la glorificación del fuego
en el sacrílego pasear
por los caminos de Dante.

Sagrada eucaristía
de tu saliva
en las hostias de mis pezones
cuando crucificado gozas el placer
de poseerme.

Maribel Arreola Rivas

NO FAREWELL

Take me, my love!

Let me be your lover
in your arms,
please recognize my desire
and erase the clouds of nostalgia
from my sky.

With your hands,
break the shyness of my breasts
and when we are fused together
and become surrender, kiss me
with no farewell.

SIN ADIÓS

¡Hazme tuya amor!

Déjame en tus brazos
ser tu amante,
reconoce mi deseo
y de mi cielo
borra las nubes de nostalgia.

Con las manos,
rompe lo tímido de mis senos
y cuando confundidos
seamos entrega, bésame
sin decir adiós.

Ritual of Burning Flesh / *Ritual de la carne en llamas*

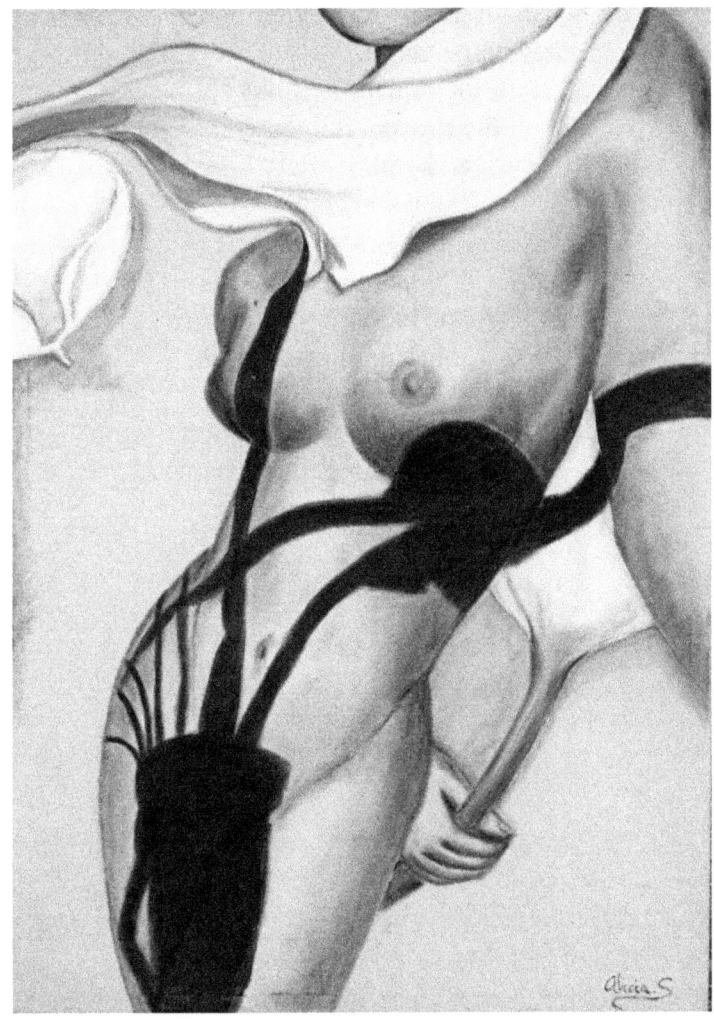

SUN TONGUES

Shoot the arrow of your bow, my love
and bathe me in yourself, because today
the fields smell like spring,
the flowers flood the universe
and with its fiery tongues
the sun embraces us.

Come to my bed
and explore the intimacy
of our unusual howl.

Hurry up, time is short,
let's put together a name
to this story.

LENGUAS DE SOL

Dispara la flecha de tu arco, amor
y báñame de ti, porque hoy
los campos huelen a primavera,
las flores inundan el universo
y con sus ardientes lenguas
nos abraza el sol.

Llega a mi cama
y explora la intimidad
de nuestro insólito gemido.

Apresúrate que el tiempo apremia
y juntos, pongámosle nombre
a esta historia.

Maribel Arreola Rivas

CAPTIVE

Because even though I'm a night owl I love you,
I dream of you attached to me
as white reed
under the moonlight.

We woke up numbed
to draw furrows of joy
in the victorious wind
with the keen spike
of your male flesh.

Full, quick, wild
I lose my freedom
in order to be by will a captive
of your love.

CAUTIVA

Porque aún noctámbula te quiero,
adherido a mí te sueño
como junco blanco
bajo la luz de la luna.

Entumecidos despertamos
para formar surcos de alegría
en el victorioso viento
con la pulcra espiga
de tu carne de varón.

Plena, pronta, salvaje
pierdo mi libertad
para ser voluntaria cautiva
de tu amor.

Maribel Arreola Rivas

BETWEEN MY NAVEL AND YOUR HIP

With no more desire than desire
I undress you and I undress myself,
my hands travel
from your feet to your mouth
feeling the agitated thrust
over the golden twilight
of our urgency.

Between my navel and your hip
arouses the anxiety
at the always open time
to become ourselves unspeakable poetry,
passionate waves of sun
in the clamor of indulgence.

ENTRE MI OMBLIGO Y TU CADERA

Sin más ganas que el deseo
te desnudo y me desnudo,
mis manos viajan
de tus pies a tu boca
sintiendo el agitado ímpetu
sobre el dorado crepúsculo
de nuestra urgencia.

Entre mi ombligo y tu cadera
despierta la ansiedad
a la hora siempre abierta
de convertirnos en poesía indecible,
apasionadas ondas de sol
en el clamor del desenfreno.

OBSESSIVE BOLDNESS

With obsessive boldness
we try to build
indivisible evocations
of each fold and angle
in the exploration
of the bristling bare skin.

All of you shelters my body,
you make the miracle
where passion
emerges and succumbs,
forgetting the battered loneliness
that at the end of the afternoon awaits us.

Consecrated moment
when we forgive
the exile of our arms
with the promise
of the next encounter.

OBSESIVO ARROJO

Con obsesivo arrojo
intentamos construir
evocaciones indisolubles
de cada pliegue y ángulo
en la exploración
de la erizada piel desnuda.

Todo tú cubres mi cuerpo,
haces el milagro
donde emerge
y sucumbe la pasión,
olvidando la maltrecha soledad
que al finalizar la tarde nos espera.

Consagrado momento
en que perdonamos
el destierro de nuestros brazos
con la promesa
del siguiente encuentro.

COLUMNS OF FIRE

Between the sheets and your body
floats a cloud
of gardenias and sperm.

With my dreams in your chest
time passes silently
above the afternoon rest.

Gentle murmur
which on confessing
I love you
breeds columns of fire
wrapped in love's
pitch

COLUMNAS DE FUEGO

Entre la sábana y tu cuerpo
flota una nube
de gardenias y esperma.

Con mis sueños en tu pecho
el tiempo transita silencioso
sobre el reposo de la tarde.

Suave murmullo
donde la confesión
de un te quiero
gesta columnas de fuego
envueltas en la tesitura
del amor.

DIVINE PRODIGY

Tell me
why I can feel you
without having you
and make that love
cease to be a divine prodigy.

Sewing with my memory
the beginning of time
and in the distance listening
to your heart's beat.

PRODIGIO DIVINO

Dime
por qué te puedo sentir
sin tenerte
y hacer que el amor
deje de ser prodigio divino.

Hilvanar con mi memoria
el principio de los tiempos
y a la distancia escuchar
el latido de tu corazón.

Maribel Arreola Rivas

TEMPTATION

With your kisses of life
I compensate for the pain of the chapters
of my clandestine history.

Perpetual temptations to be an excuse
in the manuscript of your body
to disguise the grief.

Hurried getaway
from keeping myself tied to the thorns of pain
with the instinctive pretext
of finding balance
between ugliness and beauty.

Meanwhile, the heart falls in love
in order to give a truce to the search
for a meadow to rest
with the wind in my favor
to continue the voyage.

TENTACIÓN

Con tus besos de vida
recompenso el dolor de los capítulos
de mi clandestina historia.

Perpetua tentación a ser excusa
en el manuscrito de tu cuerpo
para disfrazar al desconsuelo.

Apresurada escapatoria
a seguir atada a los espinos del dolor
con el instintivo pretexto
de hallar equilibrio
entre la fealdad y la belleza.

Mientras, el corazón se enamora
para dar tregua a la búsqueda
de un prado dónde reposar
con el viento a favor
y seguir el viaje.

INCANTATION

My feet sink
into the desert salt of my soul
and with the pain of hybrid evocations
I faint for you.

I search on the horizon for reasons
to write
a new history
where laughter will mute the cries
and death
won't show off its charms anymore.

Ten times I repeat your name
and I conjure you on full moon nights
while I hope
that a handful of stars will find you
appearing amidst water and foam
bathed in light
like the thousand times
I've seen you arriving
in my dreams.

CONJURO

Mis pies se hunden
en la sal desértica de mi alma
y con el dolor de híbridas evocaciones
desfallezco por ti.

Busco en el horizonte la razón
de escribir
una nueva historia
donde las risas silencien los llantos
y la muerte
no presuma más sus encantos.

Diez veces repito tu nombre
y te conjuro en noches de luna llena
mientras espero
que un puñado de estrellas te encuentren
y entre agua y espuma
aparezcas bañado de luz
como las mil veces
que en mis sueños
te he visto llegar.

RESURRECTION

For the poet, the day starts
with the sliver of inspiration
in his chest.

An incipient fluttering of words
caresses the stanzas
written on the bark of an illicit paper
at the metaphors'
luminous mating.

Obsession subverted by phrases
manifesting themselves like lightning
with the power of the violent stroke,
a suffocating annihilation of rhymes
leaving the promise of the resurrection
of a new verse.

RESURRECCIÓN

Para el poeta, el día inicia
con la brizna de la inspiración
en su pecho.

Un aleteo incipiente de palabras
acaricia estrofas
escritas sobre la corteza del ilícito papel
en apareamiento luminoso
de metáforas.

Obsesión trastrocada por frases
que como relámpago se manifiestan
con la potencia del tachón violento,
asfixiante aniquilar de rimas
que deja la promesa de la resurrección
de un nuevo verso.

REVEALING FLAME

I dwell in the wreck
interwoven within the fabric
of the erotism of my skin
as a raving dress
attached to my body.

Avid relief from domination,
a suspended blaze
on the impetuous consummation,
revealing flame
of the flesh.

Sacred spark
which rescues me and frees you
with all the drama
of life's antithesis.

LLAMA REVELADORA

Vivo en el naufragio
entretejido en la trama
del erotismo de mi piel
como delirante vestido
adherido a mi cuerpo.

Ávido desahogo al dominio,
resplandor suspendido
sobre la consumación impetuosa,
llama reveladora
de la carne.

Chispa sagrada
que me rescata y te libera
con el dramatismo
de la antítesis de la vida.

FOOLISH WILLINGNESS

I don't know if you are within my reach
to enjoy
the foolish willingness
of going through the delights
of my hollow.

Delights that you avoid
with the total loss of reason
of your holiness-devoted
soul.

Vehement insanity
is to refuse yourself to relief
and together, shatter
the randomness of destiny.

NECIA COMPLACENCIA

No sé si estás a mi alcance
para gozar
la necia complacencia
de traspasar las delicias
de mi hondonada.

Deleite que eludes
con la pérdida total de la razón
de tu alma consagrada
a la santidad.

Vehemente insensatez
es negarte al desahogo
para juntos, hacer añicos
lo fortuito del destino.

Ritual of Burning Flesh / *Ritual de la carne en llamas*

PROVOCATION

Today God fell asleep early,
let's unfold the flag of freedom
in the heights
and let's flourish in rebellious poems
against the truncated destiny of happiness.

Let's not lose the moment
and be a provocation
to good luck, a cheerful song
in the annihilating celebration
of sadness.

Let's take advantage today
of the skies that let the sun shine
and the angels smile, to be
little or much, but not nothing
in the universal concert of life.

PROVOCACIÓN

Hoy que Dios se durmió temprano,
enarbolemos la bandera de la libertad
en las alturas
y florezcamos en rebeldes poemas
contra el destino trunco de la felicidad.

No perdamos el momento
y seamos provocación
de la buenaventura, alegre canto
en el festejo aniquilante
de la tristeza.

Aprovechemos hoy
que los cielos dejan brillar al sol
y los ángeles sonríen, para ser
poco o mucho, pero no nada
en el concierto universal de la vida.

Maribel Arreola Rivas

DAWN

Woman, now that desire
wakes up in your sleeping skin.

Free yourself!

Undress your body,
stain it with the sin
of telling the truth
and recognize the power of
love for love.

Break the bonds
of this morality of which we will
never be clean,
soak yourself in love
and to the beat of the rain
don't be afraid to love like that,
since, as you sleep,
it dawns on you.

AMANECE

Mujer, ahora que el deseo
despierta en tu piel dormida.

¡Libérate!

Desnuda tu cuerpo,
mánchalo con el pecado
de decir la verdad
y reconoce la fuerza
de amar por amar.

Rompe las ataduras
de esta moral de la que nunca
seremos limpias,
báñate de cariño
y al compás de la lluvia
no tengas miedo de querer así,
que mientras duermes
amanece en ti.

BLESSING

Tonight I will copulate with the moon
to bind
the verses of my life
in the thin paper of anonymity.

With a jewel on the ring finger
of my right hand, I take its light
and I pledge myself.

Like the wind I release my laughter,
healing the pain, drying my tears
and with the music of angels
I keep on my path.

I bless life
and I transmute myself in crystalline water,
radiant pulse of nature
open to the promise
of love

BENDICIÓN

Esta noche copulo con la luna
para encuadernar
en el papel delgado del anonimato
los versículos de mi vida.

Con sortija en el dedo anular
de mi mano derecha, tomo su luz
y conmigo me comprometo.

Como el viento libero mi risa,
cicatrizo el dolor, seco mis lágrimas
y con música de ángeles
continúo el camino.

Bendigo a la vida
y me transmuto en agua cristalina,
radiante pulso de la naturaleza
receptiva a la promesa
del amor.

CASUAL TOUCH

Today, I'm sure
the sun will smile at me
when stripped off of my prejudices,
it sees me coming
with the casual touch
of the dew in my hands.

This morning, I know,
the pain will not touch me
I will not smell the stink of the sores
of my wounded heart
neither will I keep
the acrid taste of sadness
on the taste buds
of my thoughts,
nor the loneliness inside the viscera of my soul.

Because today its glare
will radiate my body, it will shake my skin
and I will be a lover of love,
passion, desire,
homage to life.

ROCE CASUAL

Hoy, estoy segura
el sol me sonreirá
cuando desnuda de prejuicios
me vea venir
con el roce casual
del rocío en mis manos.

Esta mañana, lo sé,
el dolor no me tocará
ni oleré el hedor de las llagas
de mi corazón herido
y tampoco quedará
el sabor acre de la tristeza
en las papilas gustativas
de mis pensamientos,
ni la soledad en las vísceras de mi alma.

Porque hoy, su fulgor
irradiará mi cuerpo, estremecerá mi piel
y seré amante del amor,
pasión, deseo,
homenaje a la vida.

ON TERRA FIRMA

I climbed to the top of the summit
and I let myself go
through the wake of the air,
without the brightness of the moon
illuminating me
nor my hands touching
a single sliver of wind.

I climbed like the many other times I went down
to the deep cliffs of the sea,
letting out from my breast
the childish whim
of carving footmarks with my steps
to be born at every place
listening to the murmur of eternity.

Pleasant feeling
of being recognized on terra firma
by the sun, at the time
in which happiness spreads
its sweet aroma
over the splendid fragility
of the words written
on the unveiled enigmas of life.

EN TIERRA FIRME

Subí a lo alto de la cumbre
y me dejé llevar
por la marejada del aire
sin que el brillo de la luna
me iluminara
ni mis manos tocaran
una sola brizna de viento.

Subí, como otras veces bajé
a los acantilados profundos del mar,
dejando escapar de mi pecho
el pueril antojo
de labrar huellas con mi paso
para nacer en todos los sitios
escuchando el murmullo de la eternidad.

Agradable sensación
de ser reconocida en tierra firme
por el sol, en la hora
en que la dicha cubre
con dulce aroma
la esplendorosa fragilidad
de las palabras escritas
sobre los enigmas develados de la vida.

INTIMATE WORDS

I speak intimate words
on my unwritten biography.

With the language of the warriors
and under the reflection of the moon
I throw my memories to the wind
to be reborn in a bountiful goddess.

I rule my existence
by the full transparency of fertility.

I perfume my body and sanctify myself
with the blessing of being
fire dancer, cool river,
laughter in the air,
red twilight of history.

In my guts
I feel the urge to love and dream
proclaiming myself empty of pain.

On the oracle of the angels
I sculpt my words,
and full of wisdom
I lighten my wings
to fly in freedom.

PALABRAS ÍNTIMAS

Hablo palabras íntimas
sobre mi biografía no escrita.

Con el lenguaje de las guerreras
y bajo el reflejo de la luna
arrojo mis memorias al viento
para renacer en fecunda diosa.

Ciño mi existencia
con la plena transparencia de la fertilidad.

Perfumo mi cuerpo y me santifico
en la bendición de ser
danzante de fuego, río fresco,
risa en el aire,
rojo crepúsculo de la historia.

En mis entrañas
siento el impulso de amar y soñar
declarándome vacía de dolor.

Sobre el oráculo de los ángeles
esculpo mis palabras
y plena de sabiduría
aligero mis alas
para volar en libertad.

FREEDOM'S EVE

You who think I'm gagged,
unfinished clay of submissive smile,
open up your eyes and look:
I don't have long eyelashes
nor the body of a Venus.
Don't look for that in me.

Look at me and notice
that I'm not only
a rib of Adam
but the emerged strength of women
coming from the generations
of pain.

A survivor of hells
and their eternal storms.

A song in the dawn,
barefoot feet walking
on silence
with an emancipated cry.

EVA LIBERTAD

Tú que me crees amordazada,
barro inacabado de sumisa sonrisa,
abre los ojos y mira:
no tengo pestañas largas
ni cuerpo de Venus,
no busques eso en mí.

Mírame y date cuenta
que no sólo soy
una costilla de Adán
sino la fuerza de las mujeres
emergida de las generaciones
del dolor.

Superviviente de los infiernos
y sus eternas tormentas.

Canción en la alborada,
pies descalzos que caminan
sobre el silencio
con un grito emancipado.

Maribel Arreola Rivas

CLOSE TO YOU

Between day and night,
I save a moment to embrace you
through the crossroads
of time.

My thoughts peek out
and open their yellow and black colors
like the tenderness of love
and the darkness of a goodbye.

In eucharistic ritual, shortly before sleep
I leave a cradle in my arms for your dreams
in which every night, in dogmatic encounter,
it huddles the prayer that brings me closer to you
and I link yesterday to the song of the present
where wings are open
to embrace love.

CERCA DE TI

Entre el día y la noche,
guardo un momento para abrazarte
a través de la encrucijada
del tiempo.

Mis pensamientos se despuntan
y abren su colorido de amarillo y negro
como la ternura del amor
y lo oscuro del adiós.

En ritual eucarístico, poco antes de dormir
dejo un hueco en mis brazos para tus sueños
en el que cada noche, en dogmático encuentro
se acurruca la oración que me acerca a ti
y encadeno el ayer al canto del presente
donde las alas se abren
para abrazar al amor.

UNDER THE SEA

It is true that I do not seek to be fragile
before the deep sea
where the reflection
of my fire sinks.

Sea turned to the sea
devoured by itself.

Volcanic flow,
sizzling lava from other worlds.

Ardent passion under the earth
awaiting the arrival
of love.

BAJO EL MAR

Es verdad que no busco ser frágil
ante al mar profundo
donde se hunde
el reflejo de mi fuego.

Mar vuelto al mar
devorado por sí mismo.

Escurrimiento volcánico,
lava candente de otros mundos.

Ardiente pasión bajo la tierra
en la espera
del amor.

SCARS

There is always someone
where the sea begins, you said
that evening
of red twilight
and my body trembled
with the shudder of fear.

A hopelessly feeling
of tracing your life
with the indelible scars of pain
that love leaves.

Then alone
and with nothing to fear
I fell asleep hugged
next to your night.

CICATRICES

Siempre hay alguien
donde comienza el mar, dijiste
aquella tarde
de crepúsculo rojo
y mi cuerpo tembló
con el vibrar del miedo.

Irremediable sentimiento
de marcar tu vida
con las imborrables cicatrices de dolor
que deja el amor.

Luego a solas
y sin nada que temer
me dormí abrazada
a tu noche.

Ritual of Burning Flesh / *Ritual de la carne en llamas*

THE RETURN

Release moorings from the past
and come to me.

Close your eyes,
listen to my breath
and record in your memory
the contour of my body.

Taste my nectar,
fall in love with its aroma,
get wet from me
and gloat over the madness of this love.

So that in my absence,
you bring me back to you.

DE VUELTA

Suelta las amarras del pasado
y llega a mí.

Cierra los ojos,
escucha mi respiración
y en tu memoria
graba el contorno de mi cuerpo.

Prueba mi néctar,
enamórate de su aroma,
mójate en mí
y saborea la locura de este amor.

Para que en mi ausencia,
me traigas de vuelta a ti.

CHAMOMILE AND PLUMS

Between chamomile and plums
is distilled the aroma of your name
which is reborn
with the awakening of the universe.

Starting point,
a promise to continue enjoying
the divine pleasure of awakening
surrendered as a dove
to your unrestrained satisfaction
in order to prolong happiness.

Flesh and seed
where it heats the sentence
of succumbing to oblivion.

MANZANILLA Y CIRUELAS

Entre manzanilla y ciruelas
se destila el aroma de tu nombre
que renace
con el despertar del universo.

Punto de partida,
promesa a seguir disfrutando
el divino placer de amanecer
rendida como paloma
a tu incontinente satisfacción
para prolongar la dicha.

Carne y semilla
donde se calcina la sentencia
de sucumbir al olvido.

NO HISTORY

Our history is not written
on the lost glory
of virgin teen lips
nor in the insomnia woven
into the haggard dawn
of despair.

It is not a mutilated expression
of wings and dreams lost
in the lonely cry
where desires agonize
disguised as deceptions.

Nor it is a novel
of characters, which at the end
destroy themselves and die
in defense of their love,
because ours
is a coincidence
at the crossroads of time,
without beginning or end
in the utterances of destiny.

SIN HISTORIA

Nuestra historia no está escrita
sobre la gloria perdida
de vírgenes labios adolescentes
ni en el insomnio tejido
en la ojerosa alborada
de la desesperanza.

No es la expresión mutilada
de alas y sueños perdidos
en el solitario grito
donde agonizan los deseos
disfrazados de engaños.

Tampoco es una novela
de personajes, que al final
se destrozan y mueren
en defensa de su amor,
porque lo nuestro
es una coincidencia
en la encrucijada del tiempo,
sin principio ni fin
en la oralidad del destino.

UNANNOUNCED

Slow, almost tiptoe
to not be perceived,
you arrive unannounced by your lips
searching for a kiss
to cheat the night.

Eternal watchman of desires
caught in a handful
of sleepless dreams
that wake us up
as happy beggars
in their made-up lair
where the heart raises
the victorious sword of love.

IMPREVISTO

Lento, casi de puntitas
para no ser percibido,
llegas imprevisto con tus labios
en busca del beso
para hacerle trampas a la noche.

Vigía eterna de los deseos
atrapados en un puñado
de sueños insomnes
que nos despiertan
como a felices mendigos
en su inventada guarida
donde el corazón alza
la espada vencedora del amor.

THE FORBIDDEN WORDS

My mouth is forbidden to say
the words that reveal my yearning
of being at night alongside the river
on rocky fountains
with the body undressed
in the full abandonment of shame,
a door open to desire
with the prayer in my mouth asking
Providence to feel
the wave of orgasm on the skin.

It is forbidden for my body
to talk about the pleasure
that transforms it in a cauldron.

When exposed, it does not resist
and surrenders indulgently
until petrifying suns and moons.

What I will never tell, even in jest,
is that in dreams I stop being a maid
and in the drunkenness of desire
I wander adrift naked, searching on the streets
for an ardent male to turn off my fire
and who, without the least sentimentality,
once satisfied myself, lets me keep sleeping.

LO INNOMBRABLE

Lo innombrable por mi boca
son las palabras que develan mi deseo
de estar de noche junto al río
sobre fuentes de rocas
con el cuerpo desarropado
en el abandono total de la vergüenza,
puerta abierta a la apetencia
con el rezo a la providencia en mi boca
pidiendo sentir sobre la piel
el escalofriante orgasmo.

Lo vetado para mi cuerpo
es hablar del placer
que lo convierte en caldera.

Cuando expuesto, no opone resistencia
y complaciente se entrega
hasta petrificar los soles y la luna.

Lo que nunca contaré, ni en broma,
es que en sueños dejo de ser doncella
y en la embriaguez de las ganas
naufrago desnuda buscando por las calles
al macho ardiente que apague mi fuego
y sin el mínimo sentimentalismo,
satisfecha, me deje seguir durmiendo.

FORBIDDEN

It is forbidden to look at you
one day after being defoliated
by the illuminated crucible
of the spell from your mouth.

Neglected sadness
of our doomed love.

Stinging rage before the impossibility
to freely love you
and wake up every morning
in your arms.

PROHIBIDO

Prohibido está mirarte
un día después de ser deshojada
por el crisol iluminado
del hechizo de tu boca.

Abandonada tristeza
de nuestro condenado amor.

Punzante rabia por lo imposible
de libremente amarte
y en tus brazos
cada mañana despertar.

Maribel Arreola Rivas

TO THE WIND

Only muteness accompanies my departure,
because my agony
is led by the sonority of broken
nothingness, fallen apart,
gliding over the distant wake
that cloaks me in gloom.

I turn around,
nothing remains of you,
only the great silence of darkness.

Final defeat
of the thick love that is going away with me
wounded and screaming
to the wind.

AL VIENTO

Solo el mutismo acompaña mi partida,
porque a mi agonía
la conduce la sonoridad de la nada
quebrada, fragmentada,
deslizándose sobre la lejana estela
que me cubre en la penumbra.

Volteo,
nada queda de ti,
solo el silencio mayor de las tinieblas.

Rendición final
del espeso amor que se va conmigo
herido y lanzando gritos
al viento.

LONELINESS

It all started
as life began:
with a cry that they tear from you
without permission,
with a loneliness
that is not yours anymore,
with writing and writing.

And I do not know if it's because of you, or of me
because when you left, you added to my being
that mess that some call sadness
and that now I neither digest nor vomit,
it is simply here
in this nostalgia that does not find you
and which ends up being fear
of becoming part
of those who speak
that have been reborn
without first knowing death.

SOLEDAD

Todo comenzó
como comienza la vida:
con un llanto que te arrancan
sin permiso,
con una soledad
que ya no es la tuya,
con un escribo y escribo.

Y no sé si es por ti, por mí
o porque al irte sumaste en mi ser
ese enredo que algunos llaman tristeza
y que ahora ni digiero ni vomito,
simplemente está aquí
en esta nostalgia que no te encuentra
y que termina siendo miedo
a llegar a ser parte
de esos que dicen
que han vuelto a nacer
sin antes conocer la muerte.

PENANCE

In the secret of the night
I listen to the sentencing:
being a martyr of your love.

I cannot hold back!

The anguish of sin
clouds my conscience when I think of you
offering me the glory
of your skin in heat.

Regardless of the tortures
I abandon myself
and on my knees
I wander by the paths that lead
to the sanctified empires of your body.

I gratefully enjoy
the provocative restlessness
to confess the happiness
of being a penitent to your love.

PENITENCIA

En el secreto de la noche
escucho la condena:
ser mártir de tu amor.

¡No puedo contenerme!

El tormento del pecado
nubla mi conciencia cuando pienso en ti
ofreciéndome la gloria
de tu piel en celo.

Sin importar los suplicios
me abandono
y de rodillas
recorro los caminos que llevan
a los imperios santificados de tu cuerpo.

Agradecida gozo
del provocador desasosiego
a confesar la dicha
de ser penitente de tu amor.

NO MEMORIES

Ride my starless nights
with the untamed vestment of your urgency,
victorious anchor of my slit,
only helmsman of the watering kiss.

Drink me in and transmute my senses
by being inside me
trembling,
shattering the double death
when you satiate your desire
in my belly.

Sink yourself into me, I beg you,
fall in love soon, so that I have an unmeasured faltering
of desire to be with you.

Make me arrive
wakeful at dawn
and without leaving memories, take me,
since our sorrows
will come later.

SIN RECUERDOS

Cabalga mis noches sin estrellas
con la investidura indócil de tu urgencia,
anclaje vencedor de mi abertura,
único timonel del beso en agua.

Bébeme y transforma mis sentidos
al estar dentro de mí
temblando,
destrozando a la muerte repetida
al saciar en mi vientre
tu deseo.

Húndete en mí, te lo suplico,
enamórame pronto que de estar contigo
desmedida por las ganas desfallezco.

Hazme llegar
al amanecer despierta
y sin dejar recuerdos, tómame,
que ya vendrán después
nuestras tristezas.

Ritual of Burning Flesh / *Ritual de la carne en llamas*

Maribel Arreola Rivas

NOCTURNAL

These nights when I just remember
your mouth on my breasts
and my name in your lips,
I sleep embraced
to the sweet ghost that kisses my dreams.

NOCTURNAL

En estas noches en que solo recuerdo
tu boca en mis senos
y mi nombre en tus labios,
duermo abrazada
al dulce fantasma que besa mis sueños.

GREED

You become dust again
at the prohibition of having you.

I covet the serenity
of the extinguished vertigo
that later ignites inevitably
with the crackling of your lips
on mine.

Instrument of torture,
intangible inner fire
that tears down my ramparts.

Agonizing shudder,
wet advance
of the last sigh of the night.

CODICIA

Te haces polvo de nuevo
en lo prohibido de tenerte.

Codicio la serenidad
del vértigo extinguido
que luego prende inevitable
con el crepitar de tus labios
en los míos.

Instrumento de tortura,
intangible fuego interno
que desploma mis defensas.

Agonizante estremecimiento,
anticipo húmedo
del último suspiro de la noche.

SILENT

This is not prose
about romantic moonbeams
over the silhouettes of lovers,
a cheerful song
to eternal happiness
pollinating the flowers in spring.

On this sad sheet of paper
only fits the silence
of a dead swallow
in the retreat that hushes the yesterdays,
hurting herself and the universe.

EN SILENCIO

Esta no es una prosa
de románticos rayos lunares
sobre las siluetas de los amantes,
alegre canto
a la felicidad eterna
polinizando las flores en primavera.

En esta triste hoja de papel
solo cabe el silencio
de una golondrina muerta
en el refugio que amordaza los ayeres
hiriéndose a sí y al universo.

ROSES OF OBLIVION

Who has the answer
to the why of oblivion?

One roams the ways as a caterpillar
who ignores the sunbeams
on which it's going to fly.

Yesterdays
are dry leaves that are lost
in time.

The petals of the roses
the wind takes away,
the bare stems
where the thorns remain
so as not to forget the experience.

Love can be rain,
wind, light ray
or just a thistle in memories.

ROSAS DE OLVIDO

¿Quién tiene la respuesta
al porqué del olvido?

Se recorren los caminos como oruga
que desconoce los rayos
sobre los que ha de volar.

Los ayeres
son hojas secas que se pierden
en el tiempo.

Pétalos de rosas
desprendidos por el viento,
desnudos tallos
donde quedan las espinas
para no olvidar lo vivido.

El amor puede ser lluvia,
viento, rayo de luz
o solo cardo en los recuerdos.

THE UNREAL

Love is so unreal
like the disturbed days
that agonize in the voices
of reason.

Blasphemous angels
also dwell there.

I have seen them
in ostentatious gnostic ceremonies
purifying their faults,
sometimes illuminating their charms
other times watching treacherously
with a hate that does not give way, not even within riddles.

Love is so unreal
like the threading of these words
in the sensual dance of surrender
or the hollow of the promises
that crush faith.

LO IRREAL

El amor es tan irreal
como los días perturbados
que agonizan en las voces
de la razón.

También allí
moran ángeles blasfemos.

Yo los he visto
en ostentosas ceremonias gnósticas
purificando sus culpas,
unas veces iluminando sus encantos
y otras mirando traicioneros
con un odio que no cede ni con acertijos.

El amor es tan irreal
como el hilvanar de estas palabras
en el baile sensual de la entrega
o el hueco de las promesas
que trituran la fe.

BLINKING

Between one blink and another
there's a place
that some call hope.

Those who once believed that,
now they call it forgetfulness.

Ritual of Burning Flesh / Ritual de la carne en llamas

PARPADEO

Entre un parpadeo y otro
hay un lugar
que algunos llaman esperanza.

Los que alguna vez creyeron así,
ahora le llaman olvido.

DEAD TIME

With the unique language
of solitude
your absence tells me
that silence is not heartbreak
when in blue afternoons
and with the arrival of night
the days make their nest hunched over
by being oneself.

Outraged justification
of happy moments
is made up in the leisure of the hours
so as not to falter before the truth
that love,
long before your departure,
was already dead.

TIEMPO MUERTO

Con el singular lenguaje
de la soledad
me dice tu ausencia
que el silencio no es desamor
cuando en azules tardes
y con el arribo de la noche
hacen nido los días encorvados
de ser uno mismo.

Ultrajada justificación
de momentos felices
inventados en el ocio de las horas
para no desfallecer ante la verdad
de que el amor,
desde antes de tu partida
ya estaba muerto.

BLIND

On my shoulders
I carry the weight of a thousand moons
and the late gestations of the sun.

Today I look at the world
and one half is dead,
the other is floating bones
refusing to perish
among injustice
and pain.

What are the eyes for,
empty hollows
of images petrified
by the primal sand.

Blind, dead, dry,
they do not know how to look at the heart.

CIEGOS

Sobre mis hombros
llevo el peso de mil lunas
y la fecundación tardía del sol.

Hoy miro al mundo
y la mitad está muerta,
la otra son huesos flotantes
que se niegan a perecer
entre la injusticia
y el dolor.

De qué sirven los ojos,
cuencas vacías
de imágenes petrificadas
por la arena primaria.

Ciegos, muertos, secos
sin saber mirar al corazón.

Maribel Arreola Rivas

BUTTERFLIES AT DAWN

The poet imprints images
in the breath of each word,
suicidal temptation to pick up
the broken pieces
of his confessions.

On a white wasteland,
he raises invulnerable walls
with hybrid transplants
without tomorrow.

Victim and executioner of his inspiration,
he falls in love with writing
when with sublime imagination
he portrays his dreams and memories
to find relief
to melancholy.

He flies with his wings
to the luminous exile of loneliness
to feel the hurricane of misery
and the drama of his sad condition,
a catharsis of terror attached to his body
like a second skin.

He seeks salvation from annihilation
in the devouring flames of love
and later he germinates
in a blizzard of the sky.

MARIPOSAS EN LA AURORA

El poeta imprime imágenes
en el aliento de cada palabra,
suicida tentación por recoger
los pedazos fracturados
de sus confesiones.

Sobre un blanco terreno baldío,
levanta murallas invulnerables
con híbridos trasplantes
sin mañana.

Víctima y verdugo de su inspiración,
se enamora de lo escrito
cuando con imaginación sublime
plasma sus sueños y recuerdos
para encontrar consuelo
a la melancolía.

Vuela con sus alas
al luminoso destierro de la soledad
para sentir el huracán de la miseria
y el drama de su triste condición,
catarsis del terror adherido a su cuerpo
como una segunda piel.

Busca la salvación al aniquilamiento
en las flamas devorantes del amor
para luego germinar
en una ventisca del cielo.

The poet begets words
promising hundreds of birds
in perpetual flutter
over the hardened air of abandonment,
traveling from the hell of mockery
to the daydream of the promised land.

A butterfly collector at dawn,
he looks for the metamorphosis of his ravings
and dies slowly
from his torn wounds.

***Ritual of Burning Flesh** / Ritual de la carne en llamas*

El poeta gesta palabras
prometiendo cientos de pájaros
en aleteo perpetuo
sobre el endurecido aire del desamparo,
viajando del infierno de la burla
hasta la ensoñación de la tierra prometida.

Recolector de mariposas en la aurora,
busca la metamórfosis de sus delirios
y muere lentamente
por sus heridas descarnadas.

Maribel Arreola Rivas

SURF

Now my mouth runs over you,
your hair gets disheveled
and love is in the amethyst surf
of my verses.

***Ritual of Burning Flesh** / Ritual de la carne en llamas*

OLEAJE

Ahora, mi boca te recorre,
tu pelo se alborota
y en el amatista oleaje de mis versos
está el amor.

Maribel Arreola Rivas
(Morelia, Michoacán, 1958)

She is a Doctor of Psychoanalytic Research and is dedicated to teaching in Higher Education.

She has published books of poetry, *De sueños, amor y deseo* (México, Michoacán Institute of Education Sciences José María Morelos, 1999) and *Poetry Notebook* number 103 (Morelia, Michoacán, Morelia Art Collective, 2007).

She is also the author of the following personal poetry books, all of them published in the state of Michoacán: *Entre el silencio y el olvido* (2006), *El diablo entra a mi habitación* (2009), *Fugitiva* (2010), *Mariposas en la aurora* (2011) y *Morir amando* (2014).

Her work has been included in the poetic anthologies *Cuadernos de brevedad y memoria* (Michoacán, El Noveno Invitado, 2009), *Poesía para pasar el invierno* (Michoacán, El Noveno Invitado, 2009), *El brillo de la hierba húmeda. Antología de mujeres poetas en Michoacán* (México, Eón Editions/National Autonomous University of México/Ministry of Culture of Michoacán, 2011) and *La memoria de los atunes. Antología poética de talleres literarios en Michoacán* (México, Eón Editions/National Autonomous University of México/Ministry of Culture of Michoacán, 2011).

She is a founding member of the Ometéotl Literary Workshop, which has published the following anthologies that include her poetry work: *Bifurcación poética* (México, H. City Council of the City of Morelia/Ministry of Culture of Michoacán, 2010), *Bicentenario* (Michoacán, Ometéotl Literary Workshop, 2010), *Poesía épica* (Michoacán, Ometéotl Literary Workshop, 2010), *Sinfonía bajo el agua* (Michoacán, Ometéotl Literary Workshop, 2011), *Pálpitos de la ecopsifrenia* (Michoacán, Ometéotl Literary Workshop, 2012), *Argucias de la promiscuidad* (Michoacán, Ometéotl Literary Workshop, 2013), *Autopsia de la incertidumbre* (Michoacán, National Pedagogical University, 2014), *Con olor a letra fresca* (Michoacán, National Pedagogical University, 2016) y *Ventisca de esporas* (Michoacán, National Pedagogical University, 2018).

She has also published in various newspapers and magazines, and in *The Feminist Calendar* (México, Secretariat of Women of the Government of the State of Michoacán, 2005).

Part of her work has been musicalized by the Urban Rock Group XAL-HA on the compact disc *De sueños y deseos* (México, 1999) and she is the author and voice of the compact disc of erotic poetry *Indulto* (Morelia, Michoacán, La Casona del Teatro, 2017).

She is a member of the Nueva Valladolid Cultural Center, and of the Morelia Art Collective. She is also part of the crew of the radio program *Ex Libris*, broadcast by the Michoacán University of San Nicolás de Hidalgo.

As a researcher, she has lectured in national and international forums, and published a large number of articles in various educational magazines. She has participated in the design of courses, workshops and a diplomat for updated teaching in the State of Michoacán. She has published research book — *First Rural Normal School in México. Historical review* (México, Government of the State of Michoacán, 1997), *Rural Normal School Vasco de Quiroga. 90 years of history* (México, Ministry of Education of the State of Michoacán, 2012), and *The Educational Intervention. A Program to Influence the Maturation and Learning of the Reading-Writing* (México, Ministry of Education of the State of Michoacán, 2017).

Maribel Arreola Rivas
(Morelia, Michoacán, 1958)

Es Doctora en Investigación Psicoanalítica. Se dedica a la docencia en Educación Superior.

Ha publicado los libros *De sueños, amor y deseo* (México, Instituto Michoacano de Ciencias de la Educación José María Morelos, 1999) y *Cuaderno de Poesía* número 103 (Morelia, Michoacán, Colectivo Artístico Morelia, 2007).

Es también autora de los siguientes poemarios, todos publicados en el estado de Michoacán: *Entre el silencio y el olvido* (2006), *El diablo entra a mi habitación* (2009), *Fugitiva* (2010), *Mariposas en la aurora* (2011) y *Morir amando* (2014).

Su obra ha sido incluida en las antologías poéticas *Cuadernos de brevedad y memoria* (Michoacán, El Noveno Invitado, 2009), *Poesía para pasar el invierno* (Michoacán, El Noveno Invitado, 2009), *El brillo de la yerba húmeda. Antología de mujeres poetas en Michoacán* (México, Ediciones Eón/Universidad Nacional Autónoma de México/Secretaría de Cultura de Michoacán, 2011) y *La memoria de los atunes. Antología poética de talleres literarios en Michoacán* (México, Ediciones Eón/Universidad Nacional Autónoma de México/Secretaría de Cultura de Michoacán, 2011).

Es miembro fundador del Taller Literario Ometéotl, que ha publicado las siguientes antologías en las que se incluyen sus obras: *Bifurcación poética* (México, H. Ayuntamiento de la Ciudad de Morelia/Secretaría de Cultura de Michoacán, 2010), *Bicentenario* (Michoacán, Taller Literario Ometéotl, 2010), *Poesía épica* (Michoacán, Taller Literario Ometéotl, 2010), *Sinfonía bajo el agua* (Michoacán, Taller Literario Ometéotl, 2011), *Pálpitos de la ecopsifrenia* (Michoacán, Taller Literario Ometéotl, 2012), *Argucias de la promiscuidad* (Michoacán, Taller Literario Ometéotl, 2013), *Autopsia de la incertidumbre* (Michoacán, Universidad Pedagógica Nacional, 2014), *Con olor a letra fresca* (Michoacán, Universidad Pedagógica Nacional, 2016) y *Ventisca de esporas* (Michoacán, Universidad Pedagógica Nacional, 2018).

Así mismo, ha publicado en diversos periódicos y revistas, y en el *Calendario feminista* (México, Secretaría de la Mujer del Gobierno del Estado de Michoacán, 2005).

Parte de su obra ha sido musicalizada por el Grupo de Rock Urbano XAL-HA en el disco compacto *De sueños y deseos* (México, 1999) y es autora y voz del disco compacto de poesía erótica *Indulto* (Morelia, Michoacán, La Casona del Teatro, 2017).

Es miembro del Núcleo Cultural Nueva Valladolid y del Colectivo Artístico Morelia. También pertenece al equipo del programa radiofónico *Ex Libris*, transmitido por la Universidad Michoacana de San Nicolás de Hidalgo.

Como investigadora, ha dictado conferencias en foros nacionales e internacionales, y publicado una gran cantidad de artículos en diversas revistas educativas. Ha participado en el diseño de cursos, talleres y un diplomado para la actualización docente del estado de Michoacán. Ha publicado los libros de investigación *Primera Escuela Normal Rural en México. Reseña histórica* (México, Gobierno del Estado de Michoacán, 1997), *Escuela Normal Rural Vasco de Quiroga. 90 años de historia* (México, Secretaría de Educación del Estado de Michoacán, 2012) y *La Intervención Educativa. Programa para Influir en la Maduración y Aprendizaje de la Lecto-Escritura* (México, Secretaría de Educación del Estado de Michoacán, 2017).

www.ingramcontent.com/pod-product-compliance
Lightning Source LLC
Chambersburg PA
CBHW032120040426
42449CB00005B/199